DES

DROITS DE L'ÉPOUX

SUR LA

SUCCESSION DE SON CONJOINT

PRÉDÉCÉDÉ

D'APRÈS LA LÉGISLATION ACTUELLE

PAR

E. ROUARD DE CARD

Professeur à la Faculté de droit de Toulouse

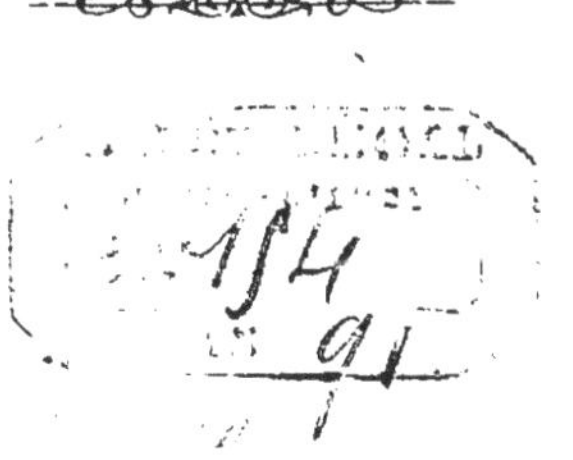

PARIS
A. DURAND ET PEDONE-LAURIEL, ÉDITEURS
LIBRAIRES DE LA COUR D'APPEL ET DE L'ORDRE DES AVOCATS
G. PEDONE-LAURIEL, SUCCESSEUR
13, RUE SOUFFLOT, 13
1891

DES

DROITS DE L'ÉPOUX

SUR LA

SUCCESSION DE SON CONJOINT PRÉDÉCÉDÉ

D'APRÈS LA LÉGISLATION ACTUELLE

DU MÊME AUTEUR :

L'arbitrage international dans le passé, le présent et l'avenir, ouvrage couronné par la Faculté de droit de Paris (Prix Sturdy), précédé d'une lettre par M. Ch. Giraud, membre de l'Institut, et d'un extrait du rapport fait à la Faculté de droit de Paris par M. Lyon-Caen, professeur agrégé à la Faculté de droit de Paris. — Paris, Durand et Pedone-Lauriel, in-8, 1877.

La guerre continentale et la propriété. — Paris, in-8, Durand et Pedone-Lauriel, 1877.

Un essai de réforme administrative en Algérie. — Paris, Berger-Levrault, br. grand in-8, 1881.

Les certificats d'études spéciales en Algérie. — Paris, Berger-Levrault, br. grand in-8, 1884.

Condition de l'individu né en France de parents étrangers, d'après le Code civil et d'après la proposition de loi sur la nationalité. — Paris, Berger-Levrault, br. grand in-8, 1887.

Études de droit international. — Paris, G. Pedone-Lauriel, in-8, 1890.

De la distinction entre la responsabilité contractuelle et la responsabilité délictuelle d'après la loi et la jurisprudence françaises. — Paris, G. Pedone-Lauriel, in-8, 1891.

DES

DROITS DE L'ÉPOUX

SUR LA

SUCCESSION DE SON CONJOINT

PRÉDÉCÉDÉ

D'APRÈS LA LÉGISLATION ACTUELLE

PAR

E. ROUARD DE CARD

Professeur à la Faculté de droit de Toulouse

PARIS

A. DURAND ET PEDONE-LAURIEL, ÉDITEURS

LIBRAIRES DE LA COUR D'APPEL ET DE L'ORDRE DES AVOCATS

G. PEDONE-LAURIEL, SUCCESSEUR

13, RUE SOUFFLOT, 13

1891

DES

DROITS DE L'ÉPOUX

SUR LA

SUCCESSION DE SON CONJOINT PRÉDÉCÉDÉ

D'APRÈS LA LÉGISLATION ACTUELLE

Un ménage vit dans l'aisance grâce aux revenus des biens qui appartiennent à l'un des époux. Au bout de plusieurs années, un événement malheureux se produit : le conjoint riche vient à succomber. Quel va être le sort de l'époux survivant qui n'a pas de fortune personnelle et qui cependant s'est habitué à mener une existence large? Il sera très précaire, si des ressources n'ont pas été assurées par donation ou legs. C'est cette situation digne d'intérêt qui a attiré, à toute époque, l'attention du législateur. De là, diverses institutions qu'on relève en parcourant l'histoire de notre Droit français.

Dans les pays de droit écrit, on rencontre la *quarte du conjoint pauvre,* empruntée au droit romain [1].

1. D'après la Novelle, 53, chap. VI, la veuve qui n'avait ni dot, ni

Dans les pays de droit coutumier, le douaire était, nous dit Pothier, « ce qui était accordé à la « femme sur les biens du mari pour ses aliments, au « cas qu'elle lui survive [1] ».

Au cours des travaux préparatoires du Code civil, Maleville fit observer « que l'on avait omis une dispo- « sition reçue par la jurisprudence, qui donnait une « pension à l'époux survivant lorsqu'il était pauvre et « qu'il ne recueillait pas la succession ». Treilhard répondit, sans raison aucune, qu'il n'y avait pas lieu de se préoccuper d'une situation qui était déjà avantageusement réglée par l'article 55 du projet. Or, cet article, devenu aujourd'hui l'article 754 du Code civil, attribuait, non à l'époux survivant, mais au père ou à la mère, dans la succession de son enfant, l'usufruit du tiers des biens afférents à l'autre ligne [2].

Cette erreur législative eut une conséquence regrettable. Le conjoint survivant se trouva, dans la succession de l'époux prédécédé, rejeté à l'avant-

---

autres biens, enlevait aux enfants et, à plus forte raison, aux autres parents, un quart des biens du défunt. Elle devait, toutefois, imputer sur ce quart tous les legs par elle reçus. Le même droit était reconnu au mari qui n'avait pas de biens. Des restrictions furent apportées aux droits de la veuve par la Novelle, 117, chap. v Voyez Accarias, *Précis de droit romain*, t. II, p. 145.

1. Pothier, *Introduction au titre XII de la Coutume d'Orléans*, t. I, n° 1, p. 296, édit. Bugnet.

2. Fenet, *Travaux préparatoires*, t. XII, p. 38.

dernier rang, après tous les parents légitimes ou naturels, même après un cousin au douzième degré ; il fut simplement préféré à l'Etat[1].

Un pareil système, dont les inconvénients apparaissaient aux yeux les moins clairvoyants, ne pouvait manquer d'être critiqué. Il fut, en effet, l'objet de vives attaques. On le représenta comme ne tenant aucun compte des sentiments d'humanité et même des plus simples convenances. Quelques jurisconsultes cherchèrent cependant à démontrer que l'imperfection du Code n'était point aussi grave qu'on le prétendait. Suivant eux, il était possible de l'atténuer à l'aide de divers correctifs. Ne pouvait-on, par des donations faites soit dans le contrat de mariage, soit durant le mariage, mettre le conjoint survivant à l'abri de tout besoin? Et à défaut de donations, ne pouvait-on atteindre le même but par des dispositions testamentaires? Enfin, la communauté légale n'était-elle pas le régime de droit commun en France et ne permettait-elle pas à l'époux pauvre de prendre la moitié de la masse commune comprenant le mobilier ?

Tous ces arguments, destinés à justifier la loi, ne pouvaient résister à un examen sérieux. Il est toujours très délicat de stipuler des gains de survie dans

1. Art. 767 du Code civil.

un contrat de mariage. Le futur époux qui apporte la fortune peut trouver blessante l'insertion de pareilles clauses. Quant aux donations et aux dispositions testamentaires, il n'est pas toujours possible, pour un motif ou pour un autre, de les faire en temps utile. Et puis, lors même qu'elles ont été faites, elles demeurent exposées à de nombreuses demandes en nullité formées par les héritiers. Enfin, la communauté légale n'est pas le seul régime matrimonial pratiqué en France. On se marie aussi sous le régime exclusif de communauté, sous la séparation de biens ou sous le régime dotal. Or, d'après ces régimes, il n'y a aucune masse commune dont l'époux survivant puisse prendre une part.

L'adoption du régime de la communauté, réduite aux acquêts, ne fournit à chacun des époux que des droits sur une masse souvent peu considérable, les économies faites sur les revenus et les produits du travail pouvant être insignifiants.

Il fallait donc reconnaître que le Code civil laissait, sous ce rapport, beaucoup à désirer. C'est ce que firent les législateurs qui se succédèrent dans ces cinquante dernières années.

Diverses lois spéciales réalisèrent des innovations heureuses.

La loi du 9 juin 1853. relative aux pensions civiles, accorda à la veuve, sous certaines conditions, le droit au tiers de la pension[1]. Puis vint la loi du 14 juillet 1866 sur la propriété des œuvres littéraires et artistiques. D'après l'article 1 de cette loi, « pen- « dant une période de cinquante ans, à partir du « décès de l'auteur, le conjoint survivant, quel que « soit le régime matrimonial, et indépendamment « des droits qui peuvent résulter en faveur de ce « conjoint du régime de la communauté, a la simple « jouissance des droits dont l'auteur n'a pas disposé « par acte entre-vifs ou par testament.

« Toutefois si l'auteur laisse des héritiers à réserve, « cette jouissance est réduite, au profit de ces héri- « tiers, suivant les proportions et les distinctions éta- « blies par les art. 913 et 915 du Code civil. »

Du reste, cette jouissance n'a pas lieu lorsqu'il existe, au moment du décès, une séparation de corps prononcée contre ce conjoint; elle cesse au

---

1. Loi des 9-13 juin 1853, sur les pensions civiles, article 13 : « A droit à la pension la veuve du fonctionnaire qui a obtenu une « pension de retraite en vertu de la présente loi ou qui a accompli « la durée du service exigée par l'art. 5, pourvu que le mariage ait « été contracté six ans avant la cessation des fonctions du mari.

« La pension de la veuve est du tiers de celle que le mari avait « obtenue ou à laquelle il aurait eu droit. Elle ne peut être inférieure « à 100 francs, sans toutefois excéder celle que le mari aurait « obtenue ou pu obtenir. Le droit à la pension n'existe pas pour la « veuve dans le cas de séparation de corps prononcée sur la « demande du mari. » — D'après l'article 5, le droit est acquis après soixante ans d'âge et trente ans de service.

cas où le conjoint contracte un nouveau mariage.

Un nouveau progrès fut réalisé par la loi des 25-28 mars 1873, réglant la condition des déportés à la Nouvelle-Calédonie. Cette loi donne un droit de succession assez important au conjoint du déporté qui a obtenu une concession. L'article 13 est ainsi conçu : « Si le concessionnaire vient à mourir après que la « concession a été rendue définitive, les biens qui en « font partie seront attribués aux héritiers d'après « les règles du droit commun. Néanmoins, dans le « cas où il n'existerait pas d'enfants légitimes ou « autres descendants, la veuve, si elle habitait avec « son mari, succédera à la moitié en propriété tant « de la concession que des autres biens que le « déporté aurait acquis dans la colonie. En cas « d'existence d'enfants légitimes ou autres descen- « dants, le droit de la femme ne sera que du tiers en « usufruit. »

A ces diverses lois on peut ajouter la loi du 20 juillet 1886 sur la caisse des retraites pour la vieillesse[1].

Malgré ces petites améliorations, la nécessité d'une réforme plus complète était généralement sen-

1. Loi du 20 juillet 1886, art 13 : « Le versement fait pendant le « mariage par l'un des conjoints, profite séparément à chacun d'eux « par moitié. Peut, néanmoins, profiter à celui des conjoints qui « l'effectue le versement opéré après que l'autre conjoint a atteint le

tie. Sous l'empire de cette préoccupation, une proposition de loi avait été déposée, en 1849, sur le bureau de l'Assemblée nationale.

Cette proposition accordait au conjoint survivant un droit de propriété ou un droit d'usufruit, suivant la qualité des héritiers du défunt.

Elle fut prise en considération malgré les efforts de la commission d'initiative.

M. Victor Lefranc présenta un rapport qui concluait seulement à l'allocation d'une pension alimentaire ne devant jamais dépasser une valeur équivalente à l'usufruit de la portion disponible. Les événements de 1851 empêchèrent la discussion du rapport.

Une nouvelle proposition, due à M. Delsol, fut soumise, en 1872, à l'examen de l'Assemblée nationale. La commission à laquelle elle fut renvoyée, voulut, avant de se prononcer, recueillir l'avis des Cours d'appel et des Facultés de droit.

Les résultats de cette enquête ont été consignés dans les rapports de MM. Jules Favre et Sebert.

Il résulte de ces rapports que dix-sept Cours

« maximum de rente ou après que les versements faits dans l'année « au profit exclusif de celui-ci, soit antérieurement au mariage, soit « par donation, ont atteint le maximum des versements annuels. — « Le déposant marié qui justifiera soit de sa séparation de corps, « soit de sa séparation de biens contractuelle ou judiciaire sera « admis à effectuer des versements à son profit exclusif. »

d'appel sur vingt-six et neuf Facultés de droit se montrèrent favorables au principe du projet.

La Cour de cassation, au contraire, déclara qu'en présence de l'agitation du pays, il convenait d'ajourner de semblables discussions. « Si l'instabilité, disait-« elle, sévit ailleurs, il est plus que jamais utile que « la stabilité de la législation civile soit respectée. « En tout cas, s'il peut devenir un jour nécessaire « d'y introduire des innovations réclamées par des « besoins sérieux, il serait préférable que l'on pro-« cédât par voie de révision générale après des « études approfondies plutôt que par des interca-« lations partielles et dans des temps troublés[1] ».

Modifiée à la suite de l'enquête, la proposition de M. Delsol dut subir toutes les phases de la procédure parlementaire, si longue et si compliquée sous la constitution actuelle.

Adoptée, en deuxième lecture, par le Sénat, le 9 mars 1877[2], elle fut transmise à la Chambre des députés[3]. En 1886, une première délibération eut lieu, mais la seconde fut empêchée par suite du

1. Cette remarque me paraît fort juste : au lieu de voter de nombreuses lois incohérentes et souvent contradictoires, il serait préférable de procéder à une refonte de notre Code civil.

2. *Journal officiel* du 10 mars 1877.

3. Rapport de M. Piou, Annexes 1886, p. 1092. — Première délibération, séance du 27 mai 1886. *Journal officiel* du 28 mai 1886, p. 945.

renouvellement intégral. Le projet semblait oublié lorsque, dans le mois de mars de l'année 1890 [1], la Chambre, sur la demande de M. Piou, rapporteur, ayant admis l'urgence, se décida à le voter [2]. Mais des modifications, dont deux très importantes, avaient été apportées : aussi un renvoi au Sénat devint nécessaire. Devant cette assemblée, M. Delsol exposa d'une façon très complète et très nette les conclusions admises par la Commission sénatoriale [3]. Trois séances furent employées à l'examen des amendements de M. Demôle et de M. Bozérian [4]. De ces discussions sortit une rédaction qui fut définitivement acceptée par le Sénat et par la Chambre des députés [5].

La promulgation fut faite le 9 mars 1891 [6].

1. Séance du 22 mars 1890. *Journal officiel* du 23 mars 1890, p. 604.

2. Treize années s'étaient écoulées depuis le dépôt de la proposition sur le bureau de la Chambre des députés. N'est-ce point là la condamnation de notre système parlementaire !

3. Séance du 14 novembre 1890. *Journal officiel* du 15 novembre 1890, p. 1030.

4. Séances des 18 et 21 novembre, du 2 décembre 1890. *Journal officiel* du 19 novembre 1890, p. 1035; du 22 novembre 1890, p. 1054; du 3 décembre 1890, p. 1105.

5. Séance du Sénat du 2 décembre 1890. *Journal officiel* du 3 décembre 1890, p. 1105. — Séance de la Chambre des députés du 26 février 1891. *Journal officiel* du 27 février 1891, p. 446.

6. *Journal officiel* du 10 mars 1891.

Réalisant une réforme qui avait été accomplie depuis longtemps dans la plupart des Etats européens [1] la loi du 26 février 1891 a reconnu au conjoint un droit de succession que nous allons étudier en répondant à diverses questions.

I

Conditions auxquelles ce droit de succession est subordonné.

Pour que ce droit prenne naissance, quatre conditions sont nécessaires :

Première condition. — Il faut qu'il y ait eu mariage valable.

Toutefois, en cas de mariage putatif [2], l'époux de bonne foi peut exercer son droit dans la succession

1. Le rapporteur devant le Sénat résumait ainsi les dispositions législatives des divers pays : « Dans dix-sept Etats européens, un « droit d'usufruit et même de propriété a été concédé à l'époux sur- « vivant. Je citerai parmi eux l'Italie, l'Espagne, la Prusse, l'Angle- « terre, le Wurtemberg, la Norwège, etc. D'autres Etats ont été « encore plus loin et ils ont établi au profit du conjoint survivant « une véritable réserve. Je citerai la Prusse, la Saxe, la Russie, le « Danemark. » Séance du 21 novembre 1890, *Journal officiel* du 22 novembre 1890, p. 1057.

2. Art. 201 et 202 du Code civil.

de l'autre, pourvu cependant que le jugement déclarant la nullité n'ait pas été rendu avant le décès.

Deuxième condition. — Il faut que l'époux soit survivant.

Quiconque soutient que l'un des conjoints peut prétendre à la succession de l'autre, doit démontrer que ce conjoint a survécu au moins pendant quelques instants. Pour résoudre la question de survie, lorsque les deux époux seront morts dans un même événement, il faudra recourir, à défaut de circonstances de fait, aux présomptions établies par la loi [1].

Troisième condition. — Il faut que l'époux survivant soit non divorcé.

Le droit de succession est admis uniquement [2] au profit de l'époux qui n'est pas divorcé [3].

Le divorce, en dissolvant le mariage, fait perdre le titre d'époux et le droit successif attaché à ce titre. Du reste, l'exclusion atteint aussi bien l'époux qui a obtenu le divorce que l'époux contre lequel il a été prononcé. La loi ne distingue pas et, logiquement, elle ne pouvait pas distinguer.

Quatrième condition. — Il faut qu'un jugement

1. Articles 720, 721, 722 du Code civil.

2. Article 767, al. 1 et 2.

3. Cela suppose que le jugement prononçant le divorce a été transcrit. Art. 252 du Code civil.

de séparation de corps n'ait pas été prononcé contre l'époux survivant. La séparation de corps, à la différence du divorce, relâche le lien conjugal, mais elle n'opère pas la dissolution du mariage. Dès lors, n'enlevant point la qualité d'époux, elle semble ne pas faire obstacle au droit de succession de l'époux survivant[1]. Mais le législateur, sans s'arrêter à cette objection, a voulu, à titre de déchéance, priver l'époux coupable de la faculté de succéder. Cette décision peut, du reste, se justifier aisément.

Il ne faut pas qu'un époux, après avoir méconnu ses devoirs, puisse tirer un profit du mariage. Comment admettre que « dans un tel cas le bienfait du « mort reste entre les mains du vivant[2]. » En outre, il convient de tenir compte de la volonté probable du *de cujus*, que l'on doit toujours prendre en considération. lorsqu'on règlemente la matière successorale. Or, vraisemblablement, le *de cujus* qui a eu à se plaindre de son conjoint, n'aurait pas songé à lui laisser ses biens[3]. Enfin, il importe que la loi relative aux droits de l'époux survivant soit en harmonie avec les autres

1. Cela suppose que le jugement prononçant la séparation de corps n'est plus susceptible d'être attaqué par la voie de l'opposition ou de l'appel.

2. Discours de M. Delsol, séance du Sénat du 14 novembre 1890. *Journal officiel* du 15 novembre 1890, p. 1031.

3 On dit souvent en ce sens que la succession *ab intestat* est *le testament présumé du* de cujus.

textes de notre législation. Certains articles du Code et plusieurs dispositions spéciales édictent des déchéances analogues contre l'époux, qui par sa faute, a rendu nécessaire la séparation de corps [1].

L'époux survivant contre lequel la séparation de corps a été prononcée, encourt la déchéance dans toutes les hypothèses. Donc, s'il y a des parents au degré successible ou des enfants naturels, il perd le droit d'usufruit, et, dans le cas contraire, il ne peut prétendre à la pleine propriété.

Cette assimilation entre les deux hypothèses n'a pas été admise sans difficulté lors des travaux préparatoires.

D'après le projet primitivement adopté par le Sénat, le conjoint contre lequel existait un jugement de séparation de corps était privé du droit d'usufruit; il perdait aussi le droit de recueillir la pleine propriété au cas où il n'y avait ni parents au degré successible, ni enfants naturels.

La Chambre des députés, sur le second point, se prononça pour la solution contraire. Lors du renvoi devant le Sénat, la Commission partagea les vues de la Chambre. Suivant elle, la question n'avait qu'un intérêt secondaire, « car, pour qu'elle se pose, il faut

1. Article 299 du Code civil — Article 19 de la loi du 9 juin 1853. — Article 1 de la loi du 14 juillet 1866.

« admettre que le conjoint survivant est en face d'un « conjoint prédécédé qui n'a pas laissé un seul parent « jusqu'au douzième degré, qui n'a pas laissé d'enfant « naturel, et de plus il faut que ce conjoint survivant « ait eu le malheur de subir la séparation de corps « demandée par son conjoint prédécédé. C'est une hy- « pothèse qui se présentera une fois peut-être tous les « vingt ans; c'est par conséquent une question qui « intéresse fort peu la pratique[1]. » D'ailleurs, aucune des solutions ne s'imposait par des arguments décisifs. « Il fallait considérer cette question comme une de « celles sur lesquelles peuvent varier les esprits les « plus distingués et les plus justes. On a même vu le « même jurisconsulte avoir une opinion au commence- « ment de sa carrière, en avoir une autre au milieu et « puis revenir à la première. C'est, en un mot, une de « ces questions que l'on peut considérer comme étant « à peu près insolubles : chacun la résout d'après son « sentiment[2]. »

Sans se laisser ébranler par ces considérations, le Sénat vota un amendement de M. Demôle, qui consistait à ajouter après ces mots : « qui lui survit », ceux-ci : « et contre lequel n'existe pas de jugement de sépara-

---

1. Discours de M. Delsol, séance du 14 novembre 1890. *Journal officiel* du 15 novembre 1890, p. 1032.
2. *Idem.*

« tion de corps passé en force de chose jugée [1]. »
Cet amendement se retrouve dans le texte définitif.

II

Etendue de ce droit de succession.

Pour déterminer cette étendue, il faut examiner deux hypothèses :

I. — Cas ou le défunt ne laisse ni parents au degré successible ni enfants naturels [2].

La solution est celle donnée par le Code. L'époux survivant prend toute la succession en pleine propriété [3]. Il faut assimiler au cas où il n'y a pas d'enfants naturels l'hypothèse où l'époux prédécédé a re-

---

1. Séance du 18 novembre 1890. *Journal officiel* du 19 novembre 1890, p. 1041.

2. Lorsque le *de cujus* est un enfant naturel, les père et mère naturels ainsi que les frères et sœurs naturels sont appelés avant le conjoint (art. 765, 766, 767 du Code civil.) La loi nouvelle est muette sur ce point, mais il ne faut rien conclure de son silence.

3. Article 767. — « Lorsque le défunt ne laisse ni parents au degré « successible ni enfants naturels, les biens de sa succession appar- « tiennent en pleine propriété au conjoint non divorcé qui lui survit « et contre lequel n'existe pas de jugement de séparation de corps « passé en force de chose jugée. »

connu un enfant naturel pendant le mariage. En effet, d'après l'article 337, une semblable reconnaissance ne peut nuire ni au conjoint, ni aux enfants issus de ce mariage.

II. — Cas ou le défunt laisse des parents au degré successible ou des enfants naturels.

Le conjoint survivant n'a alors qu'un simple droit d'usufruit.

Sur ce droit d'usufruit, il y a plusieurs points à examiner.

A. — Quelle est la quotité de ce droit d'usufruit ?

La quotité de l'usufruit varie suivant la qualité et, parfois, suivant le nombre des parents du *de cujus* avec lesquels le conjoint survivant se trouve en concours [1] :

---

1. Art. 767. — « Le conjoint survivant non divorcé qui ne suc-
« cède pas à la pleine propriété, et contre lequel n'existe pas de
« jugement de séparation de corps passé en force de chose jugée,
« a, sur la succession du prédécédé, un droit d'usufruit qui est :
« D'un quart, si le défunt laisse un ou plusieurs enfants issus
« du mariage ;
« D'une part d'enfant légitime le moins prenant, sans qu'elle
« puisse excéder le quart, si le défunt a des enfants nés d'un précé-
« dent mariage ;
« De moitié dans tous les autres cas, quels que soient le nombre
« et la qualité des héritiers.

a) Le défunt laisse des enfants légitimes ou des descendants. Dans ce cas, quel que soit le nombre des descendants, le droit d'usufruit est toujours du quart de la succession. Exemple : le défunt laisse deux enfants et son conjoint, l'usufruit établi au profit de ce dernier est d'un quart.

Autre exemple : le défunt laisse cinq enfants et son conjoint, l'usufruit établi au profit de ce dernier est toujours du quart.

b) Le défunt laisse des enfants nés d'un précédent mariage.

Le droit d'usufruit est d'une part d'enfant *le moins prenant* sans qu'elle puisse excéder le quart [1]. La lo tient compte, dans une certaine mesure, du nombre des enfants pour fixer la part d'usufruit reconnue à l'époux survivant.

Voici comment s'applique cette disposition : on considère l'époux survivant comme *un enfant de plus* et on lui accorde une part.

Exemple : le défunt laisse cinq enfants du premier lit, le droit d'usufruit est d'un sixième.

« Le calcul sera opéré sur une masse faite de tous les biens « existants au décès du *de cujus*, auxquels seront réunis fictive- « ment ceux dont il aurait disposé, soit par acte entre vifs, soit par « acte testamentaire au profit de successibles, sans dispense de « rapport. »

1. La législation a emprunté cette quotité à l'article 1098 du Code civil.

Mais cette règle comporte deux restrictions.

Première restriction. — La loi dit qu'il s'agit d'une part d'enfant *le moins prenant.*

La loi suppose que l'un des enfants a été avantagé par une disposition préciputaire; la quotité de l'usufruit attribué à l'époux sera égale non pas à la part de l'enfant avantagé, mais à la part d'un enfant non avantagé. En somme, il faut déduire l'avantage préciputaire, fait à un enfant, de la masse sur laquelle doit être calculé le droit d'usufruit.

Deuxième restriction. — La loi dit que cette part ne peut excéder le quart.

Exemple : le *de cujus* a laissé deux enfants, le droit d'usufruit du conjoint survivant sera du quart et non pas du tiers.

c) Le défunt laisse des héritiers autres que des enfants.

Le droit d'usufruit est de moitié. La loi ne tient compte ni du nombre ni de la qualité des héritiers.

Exemple : le défunt laisse un seul cousin, l'usufruit sera de moitié.

Autre exemple : le défunt laisse son père et mère et deux frères, l'usufruit sera toujours de moitié.

Le mot *héritier* n'est pas pris dans son sens technique. Il désigne ici, non seulement les parents légitimes du défunt appelés par la loi à recueillir une hérédité, mais même les autres personnes appelées par la loi à succéder, c'est-à-dire les successeurs irréguliers [1]. Ainsi le *de cujus* laisse trois enfants naturels, il faut appliquer la même disposition : le droit d'usufruit sera de moitié.

Nous devons signaler une complication qui surgit lorsque l'époux survivant se trouve en présence d'un père ou d'une mère et d'un collatéral de la ligne opposée. Il faut alors combiner les articles 754 et 767, et de là résulte un double droit d'usufruit. En effet, le premier article attribue au survivant des père et mère l'usufruit du tiers des biens afférents à l'autre ligne et le second attribue au conjoint survivant l'usufruit de moitié sur la succession entière.

Voici, suivant moi, comment on doit comprendre ces deux textes.

L'usufruit de moitié établi au profit du conjoint porte sur la succession entière. La part de chaque ligne, au lieu d'être de moitié en pleine propriété, va être d'un quart en pleine propriété et d'un quart en nu-propriété, puisqu'il faut déduire un quart en usufruit [2]. Donc, le survivant des père et mère aura seu-

---

1. Dans les textes du Code, on rencontre souvent le mot héritier avec cette acception large. Voyez les articles 317, 329, 330, 728, 790, 841.

2 M. Delsol, au Sénat, a dit que le conjoint vient prendre sur les biens existants, par préférence aux héritiers, sa part d'usufruit. Séance du 14 novembre 1890. *Journal officiel* du 15 novembre 1890, p. 1032.

lement l'usufruit du tiers du quart en pleine propriété afférente à l'autre ligne, c'est-à-dire l'usufruit d'un douzième au lieu de l'usufruit d'un sixième. Le législateur ne paraît pas s'être beaucoup inquiété de cette difficulté.

Le conjoint ne peut avoir que les droits indiqués par le texte. Il ne saurait cumuler ces droits avec les libéralités à lui faites par le *de cujus*. De là la conséquence suivante :

Si le montant des libéralités à lui faites atteint le montant des droits fixés par la loi, il ne peut rien réclamer et, si ce montant est inférieur, il peut demander le complément de l'usufruit [1].

Exemple : le *de cujus* a des cousins et il laisse par testament l'usufruit de 50,000 fr. à son conjoint. Sa fortune est de 100,000 fr. Le conjoint survivant peut, comme successeur *ab intestat*, prétendre à l'usufruit de 50,000 fr. Mais le testament lui donnant déjà cet usufruit, il ne peut plus exercer le droit de l'article 767. Si le legs consistait dans l'usufruit de 25,000 fr., il pourrait réclamer l'usufruit de 25,000 fr. à titre de succession.

---

1. Article 767. — « Il cessera de l'exercer dans le cas où il « aurait reçu du défunt des libéralités, mêmes faites par préci- « put et hors part, dont le montant atteindrait celui des droits que « la présente loi lui attribue, et si ce montant était inférieur, il ne « pourrait réclamer que le complément de son usufruit. »

B. — Sur quels biens porte ce droit d'usufruit.

Il porte en principe sur tous les biens de la succession. Cependant, il y a trois limitations [1] :

Première limitation. — Il ne peut s'exercer sur les biens dont l'époux prédécédé a disposé par donation ou testament. Il n'y a donc pas de réserve pour le conjoint qui peut être privé de son droit de succession.

Deuxième limitation. — Il ne peut s'exercer sur les biens qui font l'objet d'un retour successoral.

La loi ne distingue pas : elle vise dans sa disposition les divers cas de retour successoral (art. 351, 747, 766). C'est ce que M. Delsol a nettement affirmé au cours de la délibération devant le Sénat. « Il existe, a-t-il dit, trois successions anomales : « la première au profit de l'ascendant donateur ; la « deuxième au profit du père adoptif et la troisième « au profit des enfants légitimes d'un père qui a un « enfant naturel. Ces successions anomales restent « parfaitement intactes [2] ».

1. Art. 767. — « Mais l'époux survivant ne pourra exercer son « droit que sur les biens dont le prédécédé n'aura disposé ni par « acte entre vifs ni par acte testamentaire, et sans préjudicier aux « droits de réserve ni aux droits de retour. »

2. Séance du 14 novembre 1890. *Journal officiel* du 15 novembre 1890, p. 1031.

Troisième limitation. — Il ne peut s'exercer sur les biens qui font l'objet d'un droit de réserve [1].

La loi ne fait encore ici aucune distinction : sa décision a pour but de sauvegarder les divers droits de réserve (art. 913, 914). Cette idée a été mise en relief lors de la discussion : « ... Le projet a con-
« servé parfaitement intacts tous les droits de réserve,
« c'est-à-dire que ni les descendants qui sont les pre-
« miers héritiers à réserve, ni le père, ni la mère, n'ont
« vu leurs droits atteints en quoi que ce soit par la
« création d'un usufruit au profit de l'époux survi-
« vant[2] ».

Si l'on tient compte des diverses limitations établies par le texte, on arrive à reconnaître que le droit de succession du conjoint survivant peut être réduit à néant.

Exemple : le *de cujus* laisse un fils et son conjoint, sa succession s'élève à 100,000 fr. Il a disposé par testament de 50,000 fr. au profit d'étrangers. D'une part, l'usufruit ne peut s'exercer sur les 50,000 fr.

---

1. Cette protection de la réserve est plus nominale que réelle. En effet, si le conjoint survivant ne peut pas exercer son droit d'usufruit sur les biens réservés, il peut prélever une pension alimentaire sur l'hérédité. Or, cette pension sera supportée par tous les héritiers, et dès lors, même par les réservataires.

2. Discours de M. Delsol. Séance du 14 novembre 1890. *Journal officiel* du 15 novembre 1890, p. 1031.

légués, et d'autre part, il ne peut pas non plus porter atteinte aux 50,000 fr. qui forment la réserve du fils.

Il peut donc arriver que le conjoint survivant se trouve dépouillé de son droit d'usufruit par des donations et des legs. S'il n'a pas de fortune personnelle, il va être exposé à la misère. Le législateur a cru devoir se préoccuper d'une pareille situation si digne d'intérêt. Dans ce but, il a modifié l'art. 205 du Code civil relatif à la dette alimentaire.

Avant 1891, le conjoint, se trouvant dans le besoin, ne pouvait demander des aliments qu'à ses enfants. A défaut de ceux-ci, il n'avait pas la faculté de s'adresser aux autres parents de l'époux prédécédé. Il ne pouvait pas notamment demander des aliments à ses beau-père et belle-mère, lorsqu'il n'y avait pas d'enfants issus du mariage, l'alliance étant alors détruite [1].

Le législateur de 1891 a accordé au conjoint survivant le droit de demander des aliments à la succession [2].

---

1. Art. 206 du Code civil.

2. Art. 2. — L'art. 205 du Code civil est ainsi modifié :

« Art. 205. — Les enfants doivent des aliments à leurs père et « mère ou autres ascendants qui sont dans le besoin. La succes- « sion de l'époux prédécédé en doit, dans le même cas, à l'époux « survivant. Le délai pour les réclamer est d'un an à partir du « décès et se prolonge, en cas de partage, jusqu'à son achèvement.

« La pension alimentaire est prélevée sur l'hérédité. Elle est

La pension alimentaire est prise sur l'hérédité. Elle est supportée par les héritiers. Ce terme a encore un sens large : il comprend les héritiers légitimes, les successeurs irréguliers, et les légataires universels.

Si les héritiers ne peuvent fournir la pension, elle est supportée alors par tous les légataires particuliers, qui la subiront proportionnellement au montant de leurs legs. Toutefois, la loi indique un tempérament. Lorsque le défunt a déclaré expressément que tel legs sera acquitté de préférence aux autres, le légataire auquel un pareil legs aura été fait ne supportera pas la pension alimentaire, sauf dans le cas où elle ne pourra pas être assurée par les autres légataires particuliers. C'est l'application de l'article 927 du Code civil.

L'action pour réclamer la pension alimentaire est enfermée dans un délai très bref. Elle doit être intentée dans l'année qui suit le décès. Elle peut cependant être formée après l'expiration de ce laps de temps, si le partage n'a pas encore eu lieu.

« supportée par tous les héritiers et, en cas d'insuffisance, par tous « les légataires particuliers, proportionnellement à leur émolument.

« Toutefois, si le défunt a expressément déclaré que tel legs sera « acquitté de préférence aux autres, il sera fait application de l'ar- « ticle 927 du Code civil ».

C. — Sur quelle masse se calcule le droit d'usufruit.

Trois modes de calcul, très différents entre eux, ont été successivement adoptés.

Premier mode. — D'après ce mode, l'usufruit du conjoint survivant doit être calculé sur une masse comprenant seulement les biens existants dans la succession.

C'est le système que le Sénat avait admis en 1877.

« Le Sénat avait ainsi formé cette masse. Il avait « dit : lorsqu'un époux meurt, il laisse une certaine « quantité de biens dans sa succession. Si faible que « soit cette quantité, elle formera à elle seule toute « la masse. Ajoutons que par biens existants dans « la succession, on entend les biens qui s'y trouvent « réellement et juridiquement, c'est-à-dire des biens « qui n'ont été ni donnés ni légués, car si le défunt a « disposé par donation, par testament d'une partie « de ses biens, on ne peut pas dire que ceux-là sont « dans la succession ; ils en sont sortis par la dispo- « sition testamentaire. Donc, d'après le système du « Sénat, la masse consiste dans les seuls biens pré- « sents dans la succession [1] ».

Voici un exemple : un père de famille avait une

1. Discours de M. Delsol, séance du 14 novembre 1890. *Journal officiel* du 15 novembre 1890, p. 1032.

fortune de 160,000 fr. Il meurt laissant trois enfants et sa femme. A chacun de ses enfants, il avait donné de son vivant 40,000 fr. Le total de ces donations s'élève à 120,000 fr. Donc, 40,000 fr. seulement restent dans la succession. Le conjoint survivant doit avoir l'usufruit du quart des biens existants, c'est-à-dire l'usufruit de 10,000 fr.

Comme on le voit, d'après ce mode de calcul, les dispositions à titre gratuit faites par le *de cujus* échappaient à tout rapport réel ou fictif. Pourquoi avait-on écarté absolument l'idée d'un rapport quelconque?

On a dit : le rapport n'est dû que de cohéritier à cohéritier. Donc, un successeur irrégulier, tel que le conjoint survivant, ne saurait ni l'exiger ni en profiter. C'est le raisonnement que présentait M. Demôle lorsque, dans la séance du 18 novembre 1890, il reprenait, sous forme d'amendement, le système primitif du Sénat. « L'époux survivant, disait-il, « n'est pas un héritier, c'est un successeur irrégu- « lier qui n'est pas appelé par une vocation hérédi- « taire et le Sénat pense qu'en vertu du principe (sur « lequel tout le monde est d'accord), *le rapport n'est « dû que par l'héritier à son cohéritier*, l'époux sur- « vivant n'a pas droit de le demander. Ce qui est « sorti du patrimoine du défunt sous forme de dona-

« tion entre-vifs ou par dispositions testamentaires « lui est complètement étranger [1] ».

Cette argumentation était très discutable : le prétendu principe est loin d'être accepté par tout le monde. D'après une opinion professée par les auteurs [2] et consacrée par la jurisprudence [3], les successeurs irréguliers peuvent très bien demander le rapport non seulement des legs, mais des donations entre vifs. L'art. 857 ne s'oppose pas à cette solution. Il emploie il est vrai, le mot cohéritier, mais ce mot est pris ici *lato sensu,* pour désigner non-seulement l'héritier légitime, mais le successeur irrégulier. Du reste, il ne refuse le droit de demander le rapport qu'aux créanciers et aux légataires et, par conséquent, il le reconnaît complètement aux successeurs irréguliers. Telle est la manière de voir qu'a développée M. Delsol répondant à M. Demôle [4].

Deuxième mode. — D'après ce mode, l'usufruit du conjoint survivant doit être calculé sur une masse qui comprend non-seulement les biens existants

---

1. Séance du 18 novembre 1890, *Journal officiel* du 19 novembre 1890, p. 1042.

2. Demolombe, *Code Napoléon*, XIV, 31. — Aubry et Rau, *Droit civil français*, t. VI, p.694.

3. Amiens, 26 novembre 1811. Sir., 1812, II. 411. Voyez toutefois, Paris, 5 juillet 1826. Sir., 1829, II, 229.

4. Séance du Sénat du 18 novembre 1890. *Journal officiel* du 19 novembre 1890, p. 1045.

dans la succession, mais encore les biens donnés à d'autres successibles. Cela revient à appliquer, en notre matière, la théorie du rapport proprement dit et effectif, telle qu'elle fonctionne entre cohéritiers ordinaires.

C'est le mode que la Chambre des députés a voté en 1890. Pourquoi n'a-t-elle pas adopté le système du Sénat?

Voici la considération à laquelle elle a obéi : « Elle « a trouvé, disait M. Delsol, que ne comprendre dans « la masse sur laquelle l'usufruit sera calculé que les « biens existants dans la succession, c'était réduire « souvent à presque rien l'usufruit du conjoint survi- « vant. En effet, il peut arriver qu'un père dote, par « exemple, ses enfants ; il leur donne des dots un peu « fortes ; il garde bien de quoi vivre, mais un revers « de fortune peut lui enlever ce qu'il avait voulu con- « server de sa fortune. Sa succession sera donc « réduite à néant.

« Et puis, il est possible que le père de famille ait « été dans une condition telle qu'il ait pu se dépouil- « ler à peu près de toute sa fortune, ne conservant « par devers lui que des droits viagers qui suffisaient « pour le faire vivre : une pension de retraite, un « usufruit. C'est un vieux professeur, c'est un ancien « fonctionnaire ; il garde sa pension de retraite, son

« usufruit; il donne son actif aux enfants pour les « doter.

« Alors la succession peut être vide, au moment « où l'époux survivant veut exercer son droit d'usu- « fruit [1] ».

Voulant conférer à l'époux survivant un droit d'usufruit qui ne fût pas illusoire et qui pût lui assurer une existence honorable, la Chambre comprit que le plus simple était de recourir à l'application du droit commun. Du moment que le rapport serait exigé, l'usufruit se trouverait calculé sur une masse suffisamment forte.

« Il faut agir ici comme on agit entre cohéritiers, « entre enfants, en famille, continuait M. Delsol. « Lorsque plusieurs enfants, par exemple, arrivent « à la succession, chacun rapporte ce qu'il a reçu du « défunt, soit par acte entre vifs, soit par testament.

« On réunit les biens rapportés à ceux qui existent « dans la succession, et on forme de la sorte la « masse totale sur laquelle on fait ensuite le partage.

« On doit agir, à l'égard du conjoint survivant, « comme on agit entre héritiers soumis au rapport; « et alors le conjoint survivant aura son usufruit « calculé sur cette masse totale ainsi reconstituée par

1. Discours de M. Delsol. Séance du 14 novembre 1890. *Journal officiel* du 15 novembre 1890, p. 1032.

« toute la famille, dont il fait lui-même partie, puis-
« qu'il est ou le père ou la mère des héritiers qui « vont se faire le partage [1] ».

Il est facile de comprendre que ce mode de calcul devait donner des résultats très différents de ceux qu'on obtenait en employant le mode précédent.

Reprenons l'exemple déjà donné :

Les 120,000 fr., donnés aux trois enfants, sont rapportés et viennent s'ajouter aux 40,000 fr. restant dans la succession. On obtient ainsi une masse de 160,000 fr., dont le quart est 40,000 fr.

Le conjoint survivant a l'usufruit de 40,000 fr., au lieu d'avoir l'usufruit de 10,000 fr. La différence est notable.

Troisième mode. — D'après ce mode, l'usufruit du conjoint survivant doit être calculé sur une masse qui comprend les biens existants auxquels on réunit fictivement ceux dont le *de cujus* a disposé au profit des successibles sans dispense de rapport.

La commission sénatoriale à laquelle fut renvoyée la proposition modifiée par la Chambre se prononça en faveur de cette solution intermédiaire, après avoir écarté les deux modes indiqués plus haut. Comment

---

1. Séance du 11 novembre 1890. *Journal officiel* du 15 novembre 1890, p. 1032.

fut-elle amenée à prendre cette détermination? Le rapporteur, M. Delsol, a répondu à cette question au cours des débats : « Elle s'est dit : il ne faut pas « que l'usufruit du conjoint survivant vienne troubler « les détenteurs de biens antérieurement donnés et « jeter parmi les héritiers la perturbation qu'un rap- « port effectif amène toujours dans le partage des « successions.

« D'un autre côté, il ne faut pas calculer cet « usufruit d'une manière tellement étroite et mes- « quine qu'il se réduise à rien, en présence d'une « succession qui peut avoir son importance pour les « biens donnés, sinon pour les biens existants[1] ».

Insistons sur la nature du rapport prescrit par la nouvelle loi. Voici la formule qui me semble résumer la pensée du législateur : *le rapport dont il s'agit ici n'est pas un rapport réel, mais un rapport fictif qui ne comprend que les biens dont le* de cujus *a disposé au profit des successibles sans dispense de rapport*. De cette formule, se dégagent deux propositions qu'il convient d'étudier séparément.

1° *Le rapport dont il s'agit ici est un rapport non réel, mais fictif.*

Le droit d'usufruit, une fois calculé, ne peut être

1. Séance du 18 novembre 1890. *Journal officiel* du 19 novembre 1890, p. 1044.

exercé sur les biens donnés qui ont été réunis fictivement : il sera exercé d'une façon exclusive sur les biens se trouvant réellement et juridiquement dans la succession, c'est-à-dire sur les biens n'ayant fait l'objet ni d'une donation ni d'un legs.

Si ces biens sont suffisants, le conjoint survivant pourra exercer d'une façon effective tout le droit d'usufruit qui lui aura été reconnu à la suite du calcul indiqué plus haut.

Si ces biens sont insuffisants, il subira les conséquences de ce déficit : l'exercice de l'usufruit sera réduit à rien ou à presque rien. Mais, en pareil cas, il pourra former une demande d'aliments contre la succession. Telle est l'idée énoncée au cours de la discussion : « Le conjoint survivant, placé en face « des héritiers qui sont nantis, viendra prendre sur « les biens existants, par préférence à eux, sa part « d'usufruit; de sorte que si les biens existants sont « suffisants pour atteindre le montant des droits « que nous lui donnons, le conjoint survivant sera « complètement couvert, entièrement désintéressé, « tout comme il le serait si le projet de la Chambre « avait prévalu.

« Si les biens ne sont pas suffisants, alors le con- « joint survivant supportera nécessairement le déficit; « mais il ne sera pas pour cela réduit à la misère,

« car nous lui accordons, à tout événement, une « créance d'aliments sur la succession[1]. »

2° *Ce rapport fictif a uniquement pour objet les biens dont le* de cujus *a disposé au profit de successibles sans dispense de rapport.*

Ainsi, on ne doit pas réunir, même fictivement, aux biens existants les biens dont le *de cujus* a disposé soit au profit de successibles avec dispense de rapport, soit au profit d'étrangers.

Le mode de calcul établi par l'article 767 semble, au premier abord, se confondre avec le mode consacré par l'article 922 pour le calcul de la quotité disponible[2]. En effet, dans les deux textes, il s'agit d'une opération qui n'a d'autre objet que de fournir une donnée ou un élément de calcul[3].

Mais la ressemblance n'est pas absolue. A un certain point de vue, nous voyons l'article 767 s'écarter de l'article 922. D'après ce dernier texte, la réunion

1. Discours de M. Delsol. Séance du 14 novembre 1890. *Journal officiel* du 15 novembre 1890, p. 1033.

2. Article 922 Code civ. : « La réduction se détermine en formant « une masse de tous les biens existants au décès du donateur. On « y réunit fictivement ceux dont il a été disposé par donation entre « vifs d'après leur état à l'époque de donation et leur valeur au temps « du décès du donateur ; on calcule sur ces biens, après en avoir « déduit les dettes, quelle est, eu égard à la qualité des héritiers qu'il « laisse, la quotité dont il a pu disposer. »

3. AUBRY et RAU, *Droit civil français*, t. VI, p. 617.

fictive comprend non-seulement les biens donnés à des successibles en avancement d'hoirie, ainsi que le veut la loi actuelle, mais encore les biens donnés à des successibles par préciput et, *a fortiori*, les biens donnés à des étrangers.

Comment expliquer cette différence? On en a donné une raison assez faible. Le conjoint survivant n'est pas réservataire, donc il ne doit pas pouvoir demander la réunion même fictive des biens donnés à des étrangers [1].

Cette argumentation me paraît facile à réfuter.

Je remarque d'abord que les donataires et légataires peuvent eux-mêmes demander la réunion fictive des biens donnés, avec dispense de rapport, aux héritiers réservataires en s'appuyant sur l'article 922. Pourquoi donc le conjoint survivant, successeur appelé par la loi, n'aurait-il pas la même faculté?

La vérité est que le système introduit dans notre législation par la commission sénatoriale et consacré définitivement par la loi nouvelle [2] est loin de mériter

---

1. Discours de M. Delsol. Séance du 14 novembre 1890. *Journal officiel* du 15 novembre 1890, p. 1032.

2. Art. 767, al. 6. — « Le calcul sera opéré sur une masse faite « de tous les biens existants au décès du *de cujus*, auxquels seront « réunis fictivement ceux dont il aurait disposé, soit par acte entre « vifs, soit par acte testamentaire au profit de successibles, sans « dispense de rapport. »

les éloges qui lui ont été décernés [1]. Suivant moi, il aurait mieux valu appliquer simplement la règle du rapport réel [2]. En tout cas, en s'en tenant même au rapport fictif, on aurait dû reproduire la théorie de l'article 922, sans la modifier.

D. — Comment cesse ce droit d'usufruit?

Il cesse, d'abord, par les causes ordinaires d'extinction de tout usufruit. Il cesse, notamment, par le décès du conjoint et par l'abus de jouissance [3].

Mais il y a aussi une cause spéciale d'extinction. Lorsque le conjoint survivant se remarie, l'usufruit prend fin, s'il existe des descendants du défunt [4].

Le législateur a trouvé que les descendants étaient plus dignes d'intérêt que le conjoint dont le sort est assuré par le nouveau mariage.

D'ailleurs, cette solution est conforme à la volonté probable du *de cujus*, qui en matière successorale doit toujours être prise en grande considération.

La cause d'extinction n'a lieu que dans l'intérêt des parents en ligne descendante.

---

1. On l'a qualifié *d'ingénieux* au cours de la discussion.
2. Voyez Vigié, *Cours élémentaire de droit civil français*, t. II, p. 84.
3. Art. 617 et suiv. du Code civil.
4. Art. 767 : « En cas de nouveau mariage, l'usufruit du conjoint « cesse, s'il existe des descendants du défunt ».

E. — Quels sont les caractères de ce droit d'usufruit ?

Premier caractère. — C'est un usufruit légal. Nous avons donc désormais dans notre droit deux cas d'usufruit légal proprement dit [1].

Deuxième caractère. — C'est un usufruit soumis aux règles ordinaires qui régissent tout droit d'usufruit. De là la conséquence suivante :

Le conjoint usufruitier doit donner caution, art. 601. En effet, aucun texte de loi nouvelle ne supprime cette obligation.

Troisième caractère. — C'est un usufruit à titre universel [2].

Il faut appliquer l'article 612, qui règle la contribution aux dettes entre l'usufruitier et le propriétaire.

Quatrième caractère. — C'est un usufruit convertible en une rente viagère.

Les héritiers peuvent demander cette conversion, qui est obligatoire pour le tribunal, s'ils sont tous d'accord, et qui, dans le cas contraire, est facultative.

Les juges, en prononçant la conversion, détermi-

---

1. L'autre cas est celui prévu par l'art. 754, du Code civ. La jouissance des père et mère sur les biens de leurs enfants mineurs de dix-huit ans et la jouissance du mari sur les biens de la femme ne sont pas des usufruits proprement dits.

2. Vigié, *Cours élémentaire de droit civil français*, t. II, p. 84.

nent le taux de la rente viagère équivalente et examinent si les garanties offertes sont suffisantes.

La demande en conversion peut être formée jusqu'au partage définitif[1].

En décidant que l'usufruit du conjoint pourrait être converti en une rente viagère à la demande des héritiers, le législateur a voulu prévenir les inconvénients qu'entraîne tout droit réel de jouissance, dont l'exercice peut faire naître des procès et qui, dans tous les cas, entrave la vente des biens.

Telles sont les idées qu'a exposées le rapporteur devant le Sénat : « On faisait au projet une objection; « on disait : Vous allez charger les successions « d'usufruits ; or, l'usufruit est un obstacle à la circulation des biens; vous allez entraver la vente et « l'achat des propriétés, c'est là un grand inconvénient au point de vue de la richesse publique.

« Cette objection n'était pas sans quelque valeur, « et pour y donner satisfaction le Sénat introduisit « dans son projet une disposition analogue à celle « du Code italien, où depuis longtemps figure l'usufruit du conjoint survivant, disposition en vertu de

1. Art. 767. — « Jusqu'au partage définitif, les héritiers peuvent « exiger, moyennant sûretés suffisantes, que l'usufruit de l'époux « survivant soit converti en une rente viagère équivalente. S'ils « sont en désaccord, la conversion sera facultative pour les tribunaux. »

« laquelle les héritiers ont le droit de se débarrasser « de cet usufruit, moyennant une rente viagère équi- « valente et garantie suffisamment[1]. »

Observation. — Que le conjoint survivant succède, à défaut de parents légitimes et naturels, ou qu'il succède en concours avec eux, il doit toujours être considéré non comme un héritier légitime, mais comme un simple successeur irrégulier. Cette solution, qui résulte de la place même occupée par l'article 767[2], a été reconnue exacte lors des travaux préparatoires de la loi nouvelle. « Qu'il soit « appelé à la propriété de tous les biens ou à « l'usufruit d'une part, le conjoint est toujours « considéré par la loi comme étant un successeur « irrégulier : L'usufruit accordé au conjoint survi- « vant a le même caractère que la succession irré- « gulière à laquelle ce conjoint peut être appelé si le « défunt n'a laissé ni héritier au degré successible, « ni enfant naturel. En d'autres termes, cet époux « recueille cet usufruit comme un droit simplement « successoral et non pas comme un droit héréditaire, « et en recueillant son usufruit il ne prend pas place « parmi les héritiers légitimes[3]. »

---

1. Discours de M. Delsol. Séance du 14 novembre 1890. *Journal officiel* du 15 novembre 1890, p. 1031.

2. Chapitre IV. *Des successions irrégulirées.*

3. Discours de M. Delsol. Séance du 14 novembre 1890. *Journal officiel* du 15 novembre 1890, p. 1031.

De ce qui vient d'être dit résultent les conséquences suivantes :

a Le conjoint survivant n'a pas la saisine. En effet, l'article 724 du Code civil décide que les héritiers légitimes seuls sont saisis.

Le conjoint survivant, s'il vient à défaut de parents légitimes ou naturels, doit demander à la justice l'envoi en possession [1].

S'il vient en concours avec des héritiers légitimes, il doit demander la délivrance de son usufruit à ces héritiers qui sont saisis [2].

S'il vient, enfin, en concours avec des parents naturels, tels qu'enfants naturels, père et mère naturels, frères et sœurs naturels, il doit encore demander la délivrance à ces parents qui auront préalablement obtenu l'envoi en possession.

b. Le conjoint survivant n'est tenu d'acquitter les dettes et charges de la succession que jusqu'à concurrence de l'actif héréditaire. Pour circonscrire ainsi son obligation, il n'a pas besoin, au moins suivant mon opinion [3], d'accepter sous bénéfice d'inventaire.

Mais cette manière de voir n'est pas admise par tout le monde.

---

1. Art. 724 et 770 du Code civil.
2. Cette délivrance peut être volontaire ou judiciaire.
3. Voy. en ce sens Aubry et Rau, *Droit civil français*, t. VI, p. 706.

Suivant quelques auteurs [1], le conjoint, comme tout successeur irrégulier, est tenu des dettes et charges, *ultra vires successionis;* il ne diffère pas, à cet égard, de l'héritier légitime.

CONCLUSION.

Le législateur de 1891 a concédé, à titre de succession, un droit de propriété ou d'usufruit au conjoint survivant, afin de lui permettre de mener une existence honorable. En le décidant ainsi, il me paraît avoir sagement agi. Il était nécessaire, en effet, de combler une lacune de notre législation qu'on avait souvent constatée, et contre laquelle on n'avait cessé de protester.

Mais, si le principe de la loi nouvelle semble être au-dessus de toute discussion, sa réglementation, au contraire, prête le flanc à diverses critiques.

On peut d'abord constater certaines complications : tel est le concours de deux usufruits qu'entraîne fatalement la combinaison de l'article 767 avec l'article 754 du Code civil.

Ensuite, on y relève quelques défauts de logique. Pourquoi ne réunir fictivement aux biens existants que les biens dont un successible a été gratifié par avan-

---

1. DEMOLOMBE, *Cours de Code Napoléon*, t. XIII, p. 205 et suiv. — VIGIÉ, *Cours élémentaire de droit civil*, t. II, p. 228.

cement d'hoirie? Une pareille restriction se comprend lorsqu'il s'agit du rapport réel, mais rien ne s'oppose à ce que le rapport fictif soit étendu aux biens dont le *de cujus* a gratifié un successible par préciput et hors part.

Enfin, on peut signaler certaines incohérences. C'est ainsi que les biens compris dans la réserve ne peuvent être atteints par le droit d'usufruit reconnu au conjoint, mais celui-ci peut prétendre à une pension alimentaire prise sur la succession et qui dès lors sera supportée par les héritiers réservataires.

En terminant, nous faisons remarquer qu'en fait, le plus souvent, le droit d'usufruit sera destitué d'efficacité, puisqu'il ne pourra s'exercer ni sur les biens donnés ou légués par le *de cujus*, ni sur les biens compris dans un retour légal, ni sur les biens faisant partie de la réserve des enfants et ascendants. Le conjoint n'aura d'autre ressource que de demander des aliments aux héritiers et légataires. Mais, alors, il eût été préférable de reconnaître tout simplement à l'époux survivant le droit à une pension alimentaire fournie par la succession [1].

Sous tous ces rapports, la loi du 26 février 1891 mérite les mêmes critiques que toutes ces petites lois récentes qui, sans étude suffisante et d'une façon décousue, ont été glissées dans le Code civil au risque de détruire l'harmonie de ses dispositions.

---

1. C'était l'idée de la Commission nommée par l'Assemblée nationale de 1849, pour examiner la proposition de loi.

APPENDICE.

DROITS DE SUCCESSION RECONNUS A L'ÉPOUX SURVIVANT PAR LES LÉGISLATIONS ÉTRANGÈRES.

Je vais me borner à un exposé sommaire des règles admises dans les pays voisins de la France. Je diviserai les législations en trois groupes :

PREMIER GROUPE. — Législations qui suivent un système analogue à celui du Code de 1804 :

Belgique. — L'article 767 du Code civil ancien est demeuré intact.

Hollande. — Article 879. La loi appelle à succéder :

1° Les parents légitimes et naturels, selon les règles ci-après établies ;

2° A défaut de ceux-ci, l'époux survivant.

DEUXIÈME GROUPE. — Législations qui suivent un système analogue à celui de la loi du 26 février 1891 :

Italie. — Article 753 : Lorsque l'époux défunt laisse des enfants légitimes, l'autre époux a sur son hérédité l'usufruit d'une portion héréditaire égale à celle de chaque enfant, l'époux lui-même étant aussi compté dans le nombre des enfants.

Lorsque des enfants naturels concourent avec des enfants légitimes, l'usufruit de l'époux survivant est d'une portion égale à celle qui revient à chaque enfant légitime.

Cette portion d'usufruit ne peut jamais excéder le quart de l'hérédité ; elle peut être composée de la manière établie par l'article 819.

Art. 754. — S'il n'y a pas d'enfants légitimes, mais qu'il y ait des ascendants, ou des enfants naturels, ou des frères ou sœurs, ou descendants d'eux, le tiers de l'hérédité est dévolu en propriété à l'époux survivant.

Si cependant le conjoint survivant concourt en même temps avec les ascendants légitimes et avec des enfants naturels, il n'a droit qu'au quart de l'hérédité [1].

Art. 755. — Lorsque le défunt laisse d'autres parents successibles, l'hérédité est déférée au conjoint survivant pour les deux tiers.

Elle lui est déférée en entier dans le cas où le défunt ne laisse pas de parents successibles jusqu'au sixième degré.

Art. 756. — Le conjoint survivant qui concourt avec d'autres héritiers doit imputer sur sa portion héréditaire ce qu'il acquiert en vertu de conventions matrimoniales et de gains dotaux.

Art. 757. — Les droits de succession accordés au conjoint survivant n'appartiennent pas à celui contre lequel le défunt a obtenu une sentence de séparation de corps passée en force de chose jugée.

Espagne[2]. — Le conjoint survivant, non séparé de corps, ou séparé par la faute de l'autre, a droit à l'usufruit d'une part légitimaire d'enfant ou de descendant; si le défunt n'a laissé qu'un seul enfant ou descendant, le conjoint survivant a l'usufruit viager du tiers destiné à la mejora[3] (834); c'est d'ailleurs toujours sur ce tiers que porte son droit d'usufruit (835), à moins qu'il n'y ait des enfants issus de mariages différents, auquel cas il s'exerce sur le tiers formant la quotité disponible (839). Si le défunt n'a pas laissé de descendants, mais bien des ascendants, le légitime du conjoint survivant est du tiers de la succession en usufruit, ce tiers s'imputant sur la moitié qui constitue dans ce cas la quotité disponible (836); à défaut de descendants et d'ascendants légitimes, le conjoint survivant, en concours avec des frères et sœurs ou des neveux et nièces, a l'usufruit de la moitié de la succession (837-953). Enfin, à défaut de parents de cette

1. D'après la loi française, le conjoint survivant a alors seulement l'usufruit de moitié.

2. *Eléments de droit civil espagnol*, par M. Lehr. IIe partie consacrée au Code de 1888-1889.

3. La mejora est le tiers de la succession dont le testateur a le droit de disposer pour avantager les uns ou les autres de ses enfants.

classe, il recueille la succession toute entière, s'il n'est pas définitivement séparé de corps (952).

TROISIÈME GROUPE. — Législations qui ne se rapprochent ni du Code de 1804, ni de la loi du 26 février 1891.

Angleterre [1]. — D'après les *Statuts of distribution*, si le *de cujus*, mort *intestat*, laisse tout à la fois une veuve et des enfants ou descendants, la veuve a droit à un tiers de l'avoir mobilier net, c'est-à-dire, déduction faite des dettes du défunt. A défaut d'enfants ou descendants, la veuve prend la moitié de l'actif net. Le mari survivant prend tout.

Notons, en outre, que dans le cas où le mari survit à sa femme et qu'il a eu d'elle des enfants qui, vivants, eussent pu hériter des fiefs simples ou substitués appartenant à la mère, il a, en vertu de ce qu'on appelle la courtoisie d'Angleterre, l'usufruit viager des dits fiefs.

Allemagne. — D'après le projet de code civil pour l'Empire allemand, les droits du conjoint survivant sont déterminés ainsi qu'il suit :

1° Un quart de la succession en concours avec la première ligne ;

2° La moitié, en concours avec la seconde ou avec des aïeux ;

3° Le tout dans les autres cas.

Si le conjoint est en même temps parent du *de cujus*, il hérite à ce double titre et de parts distinctes.

S'il vient en concours avec la seconde ligne ou des aïeux, il recueille, en outre, les meubles à l'usage ordinaire de l'époux, à l'exception de ceux qui sont l'accessoire d'un immeuble [2].

---

1. *Eléments de droit civil anglais*, par M. Lehr.
2. Etude sur le droit successoral dans le projet de Code civil sous l'empire d'Allemagne, par Drioux. (*Bulletin de la société de législation comparée*, juillet 1890.)

Limoges, imp. Vᵉ H. Ducourtieux, rue des Arènes, 7.

www.ingramcontent.com/pod-product-compliance
Ingram Content Group UK Ltd.
Pitfield, Milton Keynes, MK11 3LW, UK
UKHW021128230726
13926UKWH00002B/666